Robert de la Sizeranne

Craintes et espérances pour l'art aux Salons de 1911

Critique

ISBN : 978-1722973964

10 9 8 7 6 5 4 3 2 1

Robert de la Sizeranne

Craintes et espérances pour l'art aux Salons de 1911

Critique

Table de Matières

Introduction

Est-il vrai que, pour bien connaître une société, il ne faille pas étudier ses grands hommes, mais ses hommes médiocres, parce qu'ils sont plus « représentatifs ? » En ce cas, c'est avec une attention soutenue qu'il faudrait étudier les *Salons* de 1911. Ils donnent de l'Art français, à notre époque, une idée moyenne que ne vient déranger aucun chef-d'œuvre et l'on peut, en les parcourant, se former un système de l'Esthétique moderne tout à fait à l'abri des surprises du génie. La plupart des maîtres se montrent inférieurs à ce qu'ils étaient, ces dernières années, ou bien ne se montrent pas du tout. Aucun talent nouveau ne surgit. La masse des talents moyens ne cesse de progresser. Ainsi, ces deux opinions : « Le Salon est meilleur que les années précédentes, » et : « Le *Salon* est pire, » peuvent également se soutenir, selon qu'on considère, dans une exposition, la somme totale des efforts heureux, des notions acquises, ou bien, au contraire, qu'on tient pour intéressant seulement ce qui est nouveau ou impérieux.

Mais, dans les deux cas, il est facile de tracer la courbe qu'a suivie l'Art français durant cette dernière décade, depuis la halte et l'espèce d'« examen de conscience » que fut, pour tous les arts, l'Exposition universelle de 1900. On voit, dans chaque genre, — art religieux, peinture d'histoire, peinture symbolique, genre, portrait, paysage, art décoratif, — se préciser l'évolution qu'annonçaient les derniers *Salons* du XIXe siècle. On voit, dans chaque « école » ou chaque « manière, » l'impressionnisme, l'école des « ténébreux, » celle des intimistes, la sculpture « enveloppée, » le paysage historique, l'art nouveau, se dérouler les inévitables corollaires de problèmes déjà résolus par l'expérience dans la décade qui avait précédé. Ce qu'on ne voit pas du tout, en revanche, c'est se réaliser les prophéties enthousiastes de la critique à propos des tentatives nouvelles, — ou qui se disaient nouvelles, — quelles qu'elles fussent, ni les proscriptions de vieilles formes d'art qu'on disait mortes et qui n'étaient qu'enterrées. Aussi, faut-il se garder, en ces conjonctures, des apothéoses définitives et des inhumations précipitées. Elles tiennent souvent non à la nature des choses, mais aux humeurs des hommes, qui sont changeantes. Il faut démêler ce qui est dû à cette nature même et non à ces humeurs, ce qui est la conséquence inévitable de notre vie moderne et ce qui n'est qu'une réaction passagère contre l'engouement de la précédente génération. Il faut surtout tâcher de fixer quelles conditions nouvelles le cadre esthétique de la vie, l'évolution des sentiments et les progrès de l'éducation artistique dans la foule viennent imposer à l'artiste contemporain. Telle est la seule chance que nous ayons de voir un peu clair dans l'avenir qui confusément se prépare et de ne point trop mal placer nos « craintes » et nos « espérances pour l'art. »

Section I

Par « sentiments, » j'entends ici, nos sentiments « esthétiques, » c'est-à-dire notre manière, notre faculté ou notre désir de nous représenter les choses, en des formes qui touchent nos sens, et non pas du tout nos sentiments sur ces choses ou nos idées. Il y a bien entre les uns et les autres des liens subtils et secrets, mais ce sont les premiers seuls qui influent immédiatement sur l'Art. Un exemple saisissant nous en est donné, en ce moment, et depuis longtemps, par la décadence, on pourrait dire par la disparition, de l'Art religieux.

Il serait fort aventuré de prétendre que le sentiment religieux a disparu de la France et même que, dans les classes sociales qui s'imprègnent d'une pensée artistique, il se soit beaucoup affaibli. Ce serait même une question de savoir, s'il ne se ranime pas, ni ne s'affiche plus hautement, de nos jours, que du temps où Delacroix peignait le *Châtiment d'Héliodore* et Ary Scheffer la *Tentation sur la montagne*. Et pourtant, les sujets religieux étaient traités alors par presque tous les maîtres de la peinture : ils ne le sont plus par personne. C'est qu'ils sont maintenant infiniment plus difficiles à traiter pour l'artiste et qu'il trouve, dans son public et en lui-même, des exigences multiples et contradictoires que ses devanciers n'avaient pas connues. On veut et il veut lui-même que ses figures de Christ, de Saints, d'Apôtres, de Vierges aient une expression révélatrice de leur rôle et, en même temps, on veut qu'elles s'écartent pas de la vérité ambiante à laquelle les écoles réalistes, le portrait moderne, la photographie nous ont habitués. On est choqué si on leur voit un vêtement de convention à la place du costume de leur temps et de leur pays, qu'on connaît fort bien, et on l'est encore si on le voit de telle sorte qu'il absorbe l'attention par son exotisme, amuse les yeux par ses bariolages, fasse dévier une « Parabole » en une « Orientale. »

Que dire des apparitions, des phénomènes surnaturels, des formes habillant des idées pures ? Elles fournirent autrefois de beaux thèmes à l'artiste. Quoi de plus admirable que le Père Eternel, de la *Sixtine*, passant dans l'air comme un orage, avec les formes des êtres à venir confusément enroulées dans les plis de son manteau et communiquant un peu de la vie universelle, qui est en lui, du bout de son doigt tendu au bout du doigt tendu de l'homme qui s'éveille languissamment sur la terre ? Mais quoi de plus impossible à figurer de nos jours ? Et comment un artiste pourrait-il incarner, en des visages d'une vie physiologique et particulière, l'idée de Dieu le Père, l'idée du Saint-Esprit, l'idée du Démon, sans choquer, à la fois, les croyants et les artistes ?

C'est qu'il ne suffit pas qu'un sentiment soit répandu et puissant pour que l'art réussisse à l'exprimer : il faut encore qu'il soit de nature « esthétique. » Il y a des sentiments qui s'exaltent en se formant une image précise de leur objet ; il en est d'autres qui, en se formant cette image précise, languissent ou sont blessés. Tel est de nos jours le sentiment religieux. Il habite une très haute région de l'âme où tout contact avec les figurations plastiques ou pittoresques l'offusque. Il y a longtemps que les diables et les Jugements derniers ont disparu de la peinture religieuse. Les anges ont fait une belle défense, mais ils ont fini par remonter dans l'inaccessible de la pensée pure, où les plumes de leurs ailes ne risquent pas de se froisser aux machines volantes que l'homme pilote maintenant là où ils régnaient seuls, depuis les tableaux des Primitifs. Pour la même raison, les phénomènes surnaturels de lévitation : les ascensions, les suspensions célestes, les phénomènes d'irradiation : les auréoles, les nimbes, les gloires, n'exaltent plus le sentiment religieux, s'ils sont matériellement représentés. « Il faut que je voie pour que je croie. » Ce vieux mot du rationalisme expérimental est retourné pour notre contemporain et il pourrait plutôt dire : « Pour que je croie, il faut que je ne voie pas. »

Une démonstration décisive nous en est donnée par l'exposition rétrospective d'un des derniers peintres qui aient tenté de résoudre l'insoluble problème, Alfred de Richemont, organisée au *Salon* des Champs-Elysées, dans une salle du rez-de-chaussée, auprès de l'escalier central. Il y a, là, une trentaine de toiles peintes dans une atmosphère fine et claire et avec un grand souci de « plein air » et de « modernité. » Toute la série de sujets religieux auxquels l'artiste avait dévoué sa vie : de pieuses légendes du moyen âge, une réédition de la célèbre *Cuisine des Anges*, des légendes bretonnes, avec des figures surnaturelles flottant dans le soleil, comme des vapeurs mal dissipées. Or, de toutes ces toiles, celle qui donne le plus une impression religieuse est précisément celle où rien de surnaturel n'apparaît : c'est une *Procession de la Vierge miraculeuse en Bretagne*, déjà exposée au *Salon* de 1908. Des fidèles, des malades en silhouettes dans l'ombre, sous un auvent, regardent passer la procession dans un rayon de soleil, un flot d'or où tout se transfigure comme le bonheur, comme l'espérance, et dans ces contrastes fort naturels d'ombre et de lumière, d'humanité agenouillée et de relique triomphante, on éprouve non pas la surprise d'une hypothétique vision, mais le solide bienfait de la foi.

Aussi, les derniers grands artistes qui ont traité des sujets religieux s'en sont-ils rigoureusement tenus aux scènes tout humaines, aux figures toutes réelles en même temps que divines, demandant seulement à la nature : à un rayon de soleil, à une ombre, à un bout de ciel aperçu derrière une tête, de venir témoigner en faveur de cette divinité. Holman Hunt, Fritz von Uhde, James Tissot, M. Eugène Burnand n'ont pu toucher les âmes chrétiennes qu'en sacrifiant tout l'appareil surnaturel de l'ancienne peinture religieuse. On est plus timide encore aujourd'hui. Même privées d'accessoires surnaturels, les figures divines, celle du Christ, surtout, effraient tellement l'artiste qu'il n'ose plus les aborder, — et, d'ailleurs, dans l'œuvre des maîtres que je viens de dire, c'est toujours la figure du Christ que les croyants ont le moins aimée. Elle disparaît donc maintenant : elle remonte dans cet inconnu où elle demeura pendant les premiers siècles de l'Eglise, hors de l'atteinte des imaginations humaines. Le seul tableau religieux digne d'être retenu, aux deux Salons, est un carton de vitrail pour une église de Suisse, représentant le *Sermon sur la Montagne*, de M. Burnand, l'auteur des *Paraboles*. C'est une œuvre grave, vraie, de couleurs simples et expressément choisies pour être traduites en vitrail, digne, en un mot, de M. Burnand. En face, par un hasard singulier, on voit, peint par M. Harold Speed, le portrait d'un vieillard à barbe blanche, à robe rouge, une robe d'universitaire anglais, l'œil vif, l'air naïf et un peu extasié ; c'est *Holman Hunt*, D. C. L., le dernier grand peintre religieux mort il y a quelques mois. Il a laissé à M. Burnand, non sa robe rouge, mais son manteau. M. Burnand reste seul, aujourd'hui, en Europe, à nous donner de belles images de l'Evangile. D'autres pourront venir, mais les thèmes surnaturels de l'art religieux semblent bien abandonnés pour toujours.

Abandonnés, aussi, les sujets militaires. Pendant longtemps, la « peinture-bataille » triompha dans les Salons, comme, dans les écoles, l'« histoire-bataille, » et l'on ne pourrait faire une histoire de la peinture française sans parler de ses peintres de tueries héroïques et chamarrées. Aujourd'hui, on cherche vainement une bataille, peinte en 1910, dans tout le *Salon* de l'avenue d'Antin. Aux Champs-Elysées, il y a encore quelques hommes de talent comme M. Robiquet avec son *Colonel de Lacarre à Elsasshausen*, ou M. Tattegrain, avec sa *Batterie de côte engagée, blocus continental*, qui s'attardent à ce genre suranné. Mais ce ne sont, là, que les coups de fusil retardataires qui éclatent, le soir, après que l'action est finie, et quand tout le monde mange sa soupe : ils ne changent rien au résultat de l'affaire : il semble bien que la peinture militaire est perdue.

Elle n'est point la victime d'une évolution dans les sentiments, comme la peinture religieuse, mais d'une éclipse de son objet même. D'abord, il n'y a plus, dans notre voisinage, de guerre, je veux dire de guerre qui nous touche, nous émeuve, évêque à notre esprit un passé en revivescence, un avenir en formation, une lutte où le sort de notre race soit clairement engagé. C'est un phénomène tout nouveau pour la France et pour les pays dont les civilisations lui sont le moins étrangères. L'Europe centrale et occidentale a-t-elle jamais connu ce prodige auquel nous venons d'assister : une paix de quarante ans ? Mais une autre raison, plus profonde, rend impossible la peinture de la guerre : c'est que la guerre n'est plus « esthétique. » Et elle n'est plus esthétique, parce qu'elle est invisible. L'expérience des dernières actions militaires, tant sur les flottes russes et japonaises, qu'au Transvaal, est décisive sur ce point : on ne voit pas l'ennemi. Le peintre ne peut donc montrer deux armées aux prises.

Il pourrait se borner à montrer les gestes d'un seul parti, mais les gestes particuliers au combat se réduisent à fort peu de chose. Ils ne diffèrent plus sensiblement des gestes d'un mécanicien, d'un arpenteur, d'un affûteur ou d'un cavalier ordinaires, en pleine paix. Les uniformes mêmes pâlissent. Le tableau de bataille n'est donc plus qu'un paysage animé par des fumées, bouleversé par des retranchements, traversé par des ambulanciers, des télégraphistes, des automobiles, des bicyclistes : il peut y avoir, là, des sujets pittoresques, mais sans rien qui montre la lutte ou la bataille. Dans les tableaux de Lagarde qu'on a groupés, avenue d'Antin, on voit des ombres de soldats s'enfoncer dans l'ombre et la boue des bois, en hiver, devenir imperceptibles, méconnaissables, ressaisis par le grand mystère de la nature : c'est l'image à la fois et le symbole de la guerre moderne, et la fin de toute l'Esthétique des Batailles.

La peinture d'Histoire, en général, est frappée du même discrédit. Il n'y en a quasi plus aux Salons de 4911, qui mérite d'être retenue. Seul, le Chevalet de M. J.-P. Laurens, scène de torture par l'Inquisition au moyen âge, cherche à nous mettre en présence d'un incompréhensible passé. Mais est-ce de l'Art ? C'est peu de chose de plus qu'une réunion de figures de cire, façonnées et plantées là, comme dans un musée d'horreurs rétrospectives, pour faire comprendre le jeu des instruments de torture. Un énorme *Concours d'éloquence sous Caligula à Lyon*, par M. Weerts, déployé sur l'escalier de l'avenue d'Antin, montre beaucoup de talent et d'effort dépensés pour une restitution manifestement hasardeuse, impossible. Est-ce de l'histoire ? Est-il sûr que les choses se passaient ainsi ; tous ces détails sont-ils exacts ? Et, s'ils ne le sont pas, pourquoi nous les donner ? Pourquoi ne pas faire de la pure fantaisie ? Nous voulons, si l'on nous ressuscite le Passé, que ce soit bien, en effet, ce Passé qui ressuscite, et non point un coin du Présent qu'on travestit. Nous demandons aujourd'hui, au peintre qui raconte, comme à l'historien qui dépeint, une sûreté d'information qui nous donne toute confiance. Or l'historien peut s'y tenir car il lui est toujours loisible, quand il ne sait pas une chose, de ne pas la dire, tandis qu'un peintre, s'il a commencé de peindre une figure ou une scène, est bien obligé de la mener jusqu'au bout et, s'il n'en sait pas le bout, de l'inventer. Il y a quelques années, un excellent artiste avait entrepris de nous montrer la fête et la foire du *Lendit*, à Saint-Denis, vers la fin du moyen âge, et il avait mis tous ses soins à une exacte reconstitution des costumes. Malheureusement, il ne savait pas quels arbres, au juste, ombrageaient, au XVe siècle, le *Lendit*, et il joncha bravement le sol de larges feuilles de marronniers d'Inde, — ce qui suffit pour mettre en déroute l'illusion qu'on pouvait avoir d'être transporté dans ce lointain passé. De tels accidents sont presque inévitables. Ils ne nuisent nullement à l'artiste, mais ils tuent l'historien. Le goût que nous avons désormais de l'Histoire vraie, — si naïf qu'il puisse être, — nous éloigne de la peinture d'Histoire. Comme l'Art religieux, comme la peinture militaire, elle paraît bien, désormais, un genre condamné.

Section II

Reste le symbole et la grande fantaisie, la large conception décorative, ce qui est propre, sans soulever d'objection d'ordre rationaliste, à animer les murailles, à remplir les vides, à peupler les plafonds. Sans doute, c'est un genre plein de périls.

Parmi toutes les conditions humaines auxquelles on oublie d'accorder la pitié qu'elles méritent, je n'en connais pas de plus misérable que celle de peintre de plafonds. Jamais ce malheureux peut-il être jugé de façon équitable ? Tout son travail est fait pour et justifié par la place qu'il doit occuper. Or quand on le voit, il n'est pas en place et quand il est en place, on ne le voit pas. Qui a jamais vu un plafond ? Il faut une déviation particulière de la colonne vertébrale, ou des muscles du cou, pour être admis à composer le public extrêmement restreint qui juge naturellement des beautés de cette sorte d'ouvrage. On étonnerait bien les gens qui croient le mieux connaître le Louvre, si on leur disait la suite des peintures qui en bonifient les voûtes. Et les artistes qui les firent auraient pu y dépenser des trésors de génie, personne n'en saurait rien. Il y a, il est vrai, par le monde, quelques plafonds notoires. On ne sort pas du Vatican sans avoir visité la Chapelle Sixtine, ni de la Chapelle

Sixtine, sans avoir payé au génie de Michel-Ange le tribut mérité d'un torticolis votif. Mais, là, du moins, la salle est si grande, le recul si profond, qu'on peut, sans se donner trop de peine, toujours en saisir quelque bout. Ailleurs, c'est presque impossible. On admire, de confiance, ce qui se passe au-dessus de sa tête, mais on ne le sait pas.

Pourtant, les artistes s'obstinent encore à ce labeur ingrat. Cette année, les deux ouvrages les plus considérables des *Salons*, sont des plafonds : ceux de M. Cormon, aux Champs-Elysées, destinés au Petit Palais, avec ce titre : *Vision synthétique de l'Histoire de France*, et celui de M. Besnard, sans titre, avenue d'Antin, destiné au Théâtre-Français. Le premier remplit une salle sans l'illuminer : le second, sans la remplir, l'illumine. M. Cormon, en effet, a dépensé beaucoup de peine et, sans doute, de talent, car il en a de reste, à découper des nuées à la ressemblance des personnages fameux de l'Histoire de France : Charlemagne, Théroigne de Méricourt, Bonaparte et le docteur Roux, par exemple, et il les fait vivre en plein ciel, là où personne ne les regardera.

Sa science est grande : il ne s'est pas contenté de montrer, comme il l'annonce dans le livret, « *la vapeur, l'électricité, les chemins de fer, le télégraphe, la télégraphie sans fil, la lumière électrique, le téléphone, l'automobile, l'aéroplane…, l'intelligence humaine s'élançant pour saisir le miroir de la vérité, et les expositions universelles* ; » il est allé tirer de l'obscurité naturelle, où l'Histoire les conservait, les figures de Camulogène et de Labiénus. On lit, en effet, dans le livret du *Salon*, ces mots concernant la première des figures destinées aux dix panneaux des voussures : *Le chef des Parisii, le vieux Camulogène, attaque Labiénus, lieutenant de César.* On reconnaît, à ce trait, le peintre qui a passé sa vie à réhabiliter par l'art les temps mal définis et des races incertaines.

Du reste, un mouvement d'opinion semble se dessiner, depuis quelque temps, en faveur de Camulogène. Un livre lui a été consacré, à lui et au lieu fameux, mais inconnu où, dit-on, il livra sa bataille, à ce *Metiosedum*, que M. Cormon peint hardiment, comme s'il l'avait vu. Camulogène a longtemps attendu son jour. C'est une gloire tardive et d'ailleurs éphémère, car M. Cormon ne le tire de l'obscurité de l'Histoire que pour le replonger aussitôt dans l'obscurité des plafonds. Et, en vérité, nous ne saurions nous en affliger, car rien n'est ingrat, en Art, comme ces figures qui ne sont pas assez légendaires pour qu'on les peigne de fantaisie et point assez historiques pour qu'on sache comment elles étaient faites. Heureux les peuples qui n'ont pas de préhistoire !

Mieux vaut la Fable toute pure, telle que l'imagine M. Besnard. Le *Plafond* de M. Besnard, avenue d'Antin, est une des plus surprenantes énigmes que le maître coloriste ait proposées jusqu'ici à la sagacité de ses contemporains. Un homme et une femme debout se tordent de rire en voyant un grand gaillard se renverser dans un arbre bleu pour leur tendre un petit fruit qui ne les nourrira guère, mais qui alimentera le Drame et la Comédie pendant toute la suite des temps à venir. C'est merveille, en effet, tout ce qu'on a tiré, en vers et en prose, de ce fruit-là. Dans un coin, une grande femme rouge se rencogne et se renfrogne ; de l'autre côté, une sorcière verte, le genou remonté sous le menton, rit à gorge déployée ; un lion, l'air navré, sommeille, cependant qu'au haut d'un escalier, quatre bonzes, en peignoir, attendent patiemment la fin du bain de vapeur sulfureuse où ils sont plongés, et que deux femmes dégringolent du haut du ciel, tendant vers des têtes invisibles le double collier de leurs bras nus et de leurs couronnes d'or. Enfin, au pied de l'arbre bleu, un grand chien, qui a peur, jappe éperdument : seul, de tout ce monde, il a vu ou flairé que le grimpeur d'arbres, donateur de pommes, n'a point des jambes comme tout le monde, mais se termine en une queue de serpent, dont les monstrueux replis ondulent sous le feuillage. La pauvre bête a beau aboyer au ferme, nul ne l'écoute et ses jappements prophétiques n'empêcheront ni le couple de manger du fruit, ni les sorcières d'en rire, ni les bonzes de prendre leur bain, ni les couronnes d'or de se poser aux fronts des poètes, ni le lion de dormir, ni M. Besnard d'être un grand peintre.

Car c'est, là, un étonnant morceau de peinture. Les antithèses de couleurs sont violentes, mais superbes ; les mouvements sont bistournés, mais robustes et divertissants. Il y a une vie et une fantaisie intenses dans tous ces gestes, toutes ces contorsions, toutes ces envolées, tous ces rires amers, tout ce flamboiement mêlé d'aurore et d'incendie. « Qu'est-ce que vous pensez de ça ? » demandait un jour Baudry, au pompier qu'il voyait en contemplation devant ses peintures pour le foyer de l'Opéra. « Je pense, répondit sentencieusement ce pyrologiste, que quand tout ça brûlera, ça fera de la bien mauvaise fumée !... » Le plafond de M. Besnard semble déjà en feu, mais la fumée n'est pas mauvaise : elle est merveilleuse et le peintre a retrouvé, pour étinceler sous le lustre, ces éclats de métaux en fusion, qu'il a répandus sur les murs de la Sorbonne. Ses figures, porteuses de couronnes, semblent projetées en l'air par une éruption volcanique, avec une fougue toute « tiépolesque. » Il est bien dans son élément : la décoration de grands espaces libres, hors de toute donnée rigoureuse, avec le seul souci d'harmoniser des couleurs vives et de confronter des attitudes augustes. Il y a peu de coloristes aussi hardis, ni quelquefois aussi heureux. Il n'y a peut-être pas, aujourd'hui, de dessinateur pouvant oser des mouvements aussi violents, ni aussi justes, d'artiste, en un mot, que son talent, rende plus généreux et plus libre. Très inégal dans ses portraits tantôt excellents, tantôt détestables, souvent gêné par la réalité, quand la réalité veut être reproduite, il triomphe quand la seule loi est la fantaisie, — et utilise ses dons naturels avec beaucoup d'intelligence et de finesse.

Est-ce là un éloge suffisant de ce Maître ? Au regard de l'admiration enthousiaste que le présent lui témoigne, non sans doute. Mais au regard de celle que l'avenir lui gardera, peut-être ? L'unanimité de la critique en faveur des hardiesses et même des erreurs de M. Besnard ne doit nullement nous surprendre, ni nous influencer. Il y a, ainsi, dans chaque génération, quelques maîtres qui expriment si bien le sentiment d'art dominant qu'on les met, un instant, au-dessus de tout le reste. Dans l'admiration exclusive qu'on leur voue, on accepte tout deux et l'on n'accepte plus rien des autres. Toute réserve est tenue pour injure, toute critique pour impiété. Les littérateurs et les poètes, les philosophes même emboîtent le pas aux critiques et, durant quelque temps, toutes les esthétiques doivent s'ajuster à leurs œuvres, sous peine de paraître absurdes ou surannées. Mais il faudrait ignorer toute l'histoire de l'art pour croire que c'est, là, pour ces artistes, un gage d'avenir. Au XVIIIe siècle, les Maîtres donnés en modèles par la critique étaient l'Albane et Pierre de Cortone. Au milieu du XIXe, c'était Léopold Robert. Les critiques et les poètes parlaient du plat auteur des *Moissonneurs* et des *Pêcheurs de l'Adriatique* comme ils parlent aujourd'hui de M. Besnard. Et quels critiques : Töpffer ! Et quels poètes : Musset ! Et en quels termes, écoutez :

« Ainsi, naguère, aux campagnes de Rome, profondément ému par le simple spectacle de moissonneurs dansant auprès de leur chariot attelé de buffles et chargé de récoltes, un grand peintre de notre âge recueillait son génie, employait son savoir et sa force tout entière à répandre sur une toile immortelle la sourde émotion, les austères et secrets transports de son âme enchantée… » disait Töpffer des *Moissonneurs*, au cours de ses *Menus propos d'un peintre genevois*, et Musset dans son *Salon* de 1836, ici même, des *Pêcheurs de l'Adriatique* : « Ah ! Dieu ! la main qui a fait cela, et qui a peint, dans six personnages, tout un peuple et tout un pays ! cette main puissante, sage, patiente, sublime, la seule capable de renouveler les arts et de ramener la vérité ; cette main qui, dans le peu qu'elle a fait, n'a retracé de la nature que ce qui est beau, noble, immortel ! cette main qui peignait le peuple et à qui le seul instinct du génie faisait chercher la route de l'avenir là où elle est, dans l'humanité… »

L'œuvre de Léopold Robert est au Louvre, et c'est un des problèmes les plus insolubles pour la critique actuelle, que de pénétrer les raisons de cet enthousiasme unanime parmi les grands esprits de 1830. Ce sera peut-être un problème semblable qui se posera devant l'œuvre de M. Besnard à nos successeurs étonnés. Ne nous alarmons donc pas trop, si nous ne pouvons, en conscience, nous hausser au diapason actuel des éloges qui retentissent autour de ses œuvres. Tout en demeurant beaucoup en deçà de ce qu'on loue de lui aujourd'hui, nous allons peut-être encore un peu au-delà de ce qu'on en louera dans cinquante ans. Dans ce grand domaine du symbole, ou de l'allégorie, de la légende ou de la pure fantaisie, M. Besnard n'est pas le seul maître, et il semble bien que tous les talents d'aujourd'hui s'y donnent rendez-vous. M. Gaston La Touche s'y promène avec une incomparable aisance, découvrant, à chaque tour du chemin, — ou de la rivière, — un coin imprévu. M. Aman Jean s'y rembûche, un peu tristement, mais avec grâce et finesse, dans une pensée parfois incomplète, souvent trahie par sa matière, jamais banale ou commune. Cette région indéfinie où le portrait touche à la décoration, où la réalité rencontre le rêve, où l'ironie souriante se glisse parmi les grands contours de la fresque, répond sans doute à quelque chose de très vivant dans l'âme contemporaine, car nous y voyons se produire depuis dix ans les meilleures œuvres de nos derniers Salons.

Section III

Tout auprès, c'est-à-dire sur les confins de la peinture de « genre, » se tient l'art de M. Muenier. Mais peut-on appeler « genre » un art qui fait dans l'humanité de si profondes découvertes ? Il y a deux manières de découvrir l'humanité : faire le tour du monde ou se rencogner dans son fauteuil. M. Muenier a pris ce dernier parti. Il a pensé que, si « le monde est fait comme notre village, » la nature est faite comme notre jardin, et que partout où l'on va, on découvre que l'eau mouille, les pierres sont dures, les montagnes plus hautes que les vallées, et les quinze cents millions d'hommes qui vivent sur le globe quinze cents millions d'exemplaires de la même folie. Bien nourri de cette vérité, il ne bouge pas de la vieille maison de province où chaque été lui ramène les mêmes fantômes dorés. Dans le vieux salon aux boiseries de l'avant-dernier siècle, au parquet limpide comme un lac, aux cadres ovales, aux glaces ternies, il se tient depuis des années. Il ne va pas saluer le soleil au haut de la montagne dans ses apothéoses et ce qu'on pourrait appeler ses réceptions officielles, lorsqu'il se prodigue aux multitudes, aux toits, aux forêts, aux clochers, aux rivières ; il l'attend dans le petit salon clos ; il sait bien qu'il viendra en visite et, dans l'intimité qu'il lui a ménagée, s'apprête à bien fêter son rayon d'or.

Il attend aussi, devant ce clavecin vert, qu'une main légère vienne y faire des passes magnétiques et réveiller son âme endormie. C'est une petite fille qui est venue, habillée comme devaient l'être nos grand'mères dans leur enfance, juchée sur un haut tabouret, les jambes pendantes, en face d'un cahier de musique bien imposant. Derrière le clavecin, un vieillard, qui a dû être jeune sous Louis XVI, suit avec attention le jeu de l'enfant. Elle semble être arrivée au bout d'un arpège et n'avoir pas envie de recommencer : son regard traîne à terre sur le rayon de soleil étalé, sur le chapeau de jardin jeté, sur une rose effeuillée et sa pensée court dans le parc qu'il lui a fallu quitter pour la leçon de piano, sur les fleurs qu'il a fallu vite apporter pour en jouir :

Qui ne les eust à ce vespre cueillies

Cheutes à terre elles fussent demain...

Déjà, elle rêve au moment où elle pourra réveiller les échos de la vieille demeure, grimper sur les commodes pour attraper les mouches errantes sur les glaces, s'encadrer dans des portes en agitant des bouquets comme des torches... Mais la leçon n'est pas finie et la sonatine de démenti seulement interrompue, semble-t-il, car le doigt du vieux maître continue de se lever pour battre la mesure.

Tout l'ennui que connurent nos grand'mères à s'initier aux « arts d'agrément » tient dans cette toile, et aussi toute la langueur des chaudes après-midi d'été à la campagne, l'ombre lumineuse des vieux salons moroses, l'agonie des fleurs dans les hauts étuis de cristal, la vie calme et réglée de la province de jadis, — tout ce qu'évoque à notre oreille, au temps des siestes, le son lointain des gammes ou d'une leçon de piano. Il n'y a point, là, d'histoire, d'affabulation, d'anecdote. Il ne se passe rien. Le clavecin s'est tu : la pensée, délivrée de la mesure qui l'enchaînait, erre, un instant, libre. Le fin vieillard regarde l'enfant avec la curiosité de tout ce qui s'éteint pour tout ce qui s'éveille, L'enfant regarde le rayon et la fleur tombée avec l'émerveillement indéfini et presque inconscient de tout ce qui s'éveille pour tout ce qui luit, passe et meurt. Elle voudrait s'en aller, être là d'où vient ce rayon d'or, courir elle ne sait vers quelles belles inconnues, sentir dans ses cheveux le vent des plaines, précipiter ses pas sur cette longue route des jours où le vieillard cherche à ralentir les siens. Et cette sonatine à finir et cette leçon à apprendre, la clouent sur ce haut tabouret par la vertu d'obligations impérieuses qu'elle sent confusément telles que, si elle y manquait, le système du monde tout entier serait ébranlé... Déjà, s'impose à elle l'idée des devoirs incompréhensibles et des destinées implacables. Tout le long de sa vie, elle éprouvera qu'il est, ainsi, des choses auxquelles ne peut échapper l'enfant la plus fantaisiste, et tandis qu'elle croira peut-être les fuir par la pensée, notre seule libératrice, le vieux maître, le Temps, continuera de battre la mesure, inexorable métronome, pour des devoirs plus pénibles encore et des problèmes encore plus indéchiffrables qu'une sonatine de démenti...

Tout ceci est peint dans cette atmosphère chaude, vibrante, cette poudre d'or en suspension que M. Muenier sait répandre sur ses toiles. Il semble qu'il ait entendu les imprécations de Ruskin contre le noir. L'habit noir du maître est fait de verts. Les rubans et les nœuds noirs de la petite fille sont faits de violets. Sa robe blanche est faite de toutes les couleurs qui tendent à restituer la couleur blanche. Le reste est d'un or vert, un vert et un or poudroyants, vibrants, enchantés. Jamais peinture de « genre » ne fut moins immobile. Jamais, non plus, pensée ne fut moins pédante. M. Muenier, très doué comme coloriste et comme conteur, a su se tenir à égale distance de l'anecdote finement contée, — ce qui n'est pas de la peinture, — et de l'étude simplement bien peinte, — ce qui n'est pas un tableau. Il s'est tenu encore plus loin du symbole : il n'y en a <pas l'ombre dans cette fraîche et jeune vision enfantine ou s'il y en a, c'est nous qui l'y mettons. Il a fait, là, quelque chose de très particulier, de plus haut que le « genre, » de plus complet que l' « étude, » de moins ambitieux que l' « allégorie, » quelque chose d'indéfinissable à quoi l'on est obligé d'attacher son nom pour le désigner et le reconnaître, — et qui est un chef-d'œuvre.

Après cela, il faut bien reconnaître que nos meilleurs artistes abandonnent la peinture de « genre, » si par « genre » on entend l'anecdote comique ou sentimentale, nettement écrite, comme chez Vermeer, Stevens ou Meissonier, Vibert ou Frappa, et traitée presque en miniature. A la vérité, nous avons encore, çà et là, quelques humoristes et ils remplissent, du mieux qu'ils peuvent, leur fonction sociale, qui me paraît être d'apaiser les jalousies des classes inférieures en leur montrant le néant des plus hautes. M. Guillaume enseigne aux étrangers et aux provinciaux ce qu'il faut « voir » par l'imagination, lorsqu'ils lisent, dans les *Échos mondains*, ces lignes prestigieuses : *Une heure de musique*, chez la princesse ou la marquise de ***, et M. Béraud nous initie sans pitié à la « vie intense » des grands clubs.

Mais la plupart de nos bons artistes s'attachent à reproduire des scènes familières, sérieuses, touchantes seulement par ce qu'elles évoquent, empruntant leur poésie pittoresque à la lumière qui les éclaire et leur poésie sentimentale à la pensée de qui les regarde. Ainsi, les *Orphelines* de M. Boutet de Monvel, *Avant la Procession* de M. Frédéric, *La leçon de géographie* de M. Prinet, la *Place à papa*, de M. Moreau, *Intérieur paisible* de M. Larrue, l'*Heure du thé* de M. Picquefeu, les *Poissons rouges* de M. Toussaint, *le Passé et l'Avenir* de M. Benner, *Enfans et mère* de M. Woog et le *Déjeuner des orphelines le jour de la première communion* de M. Emile Renard. Rien que ces titres dit la pensée dominante de l'artiste aujourd'hui. Et les deux toiles les plus importantes de « genre, » les *Servantes pliant le linge*, de M. Bail, aux Champs-Elysées, et *Jeunesse* de M. Frieseke, avenue d'Antin, l'une éclairée, à la hollandaise, par un jour étroit, l'autre baignée de lumière diffuse, donnent bien, par des moyens tout différents et même contradictoires, une forte impression d'intimité.

Cette intimité ne s'arrête pas au « genre : » elle a pénétré dans le paysage et l'a conquis presque tout entier. Seuls, M. Olive avec ses mers violettes dans ses rochers et M. Iwill, avec ses longues étendues de sables et d'eaux, montrent encore des paysages ouverts et qu'on peut imaginer, au moins chez M. Olive, bruyants. Tous les autres paysagistes montrent des coins de nature fermés et silencieux. Un paysage « intime, » c'est un paysage où il y a peu de ciel, pas d'eaux courantes, pas de forêt innombrable, pas de grands horizons : c'est un coin de nature habité par l'homme, mais où l'homme ne paraît pas, qui porte son empreinte, mais qui n'est pas troublé par sa présence, où l'arbre, le vieux pont, la porte vermoulue, reçoivent dans l'intimité : c'est la figure que font nos arbres et nos meubles familiers quand nous ne sommes pas là : c'est ce qui se passe au ras de terre, au creux du vallon, loin de cette foule qu'est le ciel, avec tous ses nuages frivoles et changeants.

Tous nos paysagistes ne sont pas des « intimistes, » mais tous ils limitent leur ambition à rendre une seule impression à la fois, et ils y réussissent le plus souvent. Quelques groupes de paysages méritent une halte : le groupe des marines du Nord de M. Bracquaval, le seul peintre qui connaisse les ciels comme les Hollandais ; le groupe des *Versailles* de M. Guirand de Scevola, entourant de leurs splendeurs royales et abolies la délicieuse figure d'une très petite fille dans un très grand fauteuil ; le groupe des clairs de lune de M. Le Sidaner. Et, parmi les paysages dispersés çà et là, deux paysages italiens, d'un jeune artiste anglais, M. Bernard Harrison, méritent qu'on s'y arrête : un coin de la *Cathédrale de Pise*, la nuit, et *Matinée d'octobre* à Florence, sur les chemins de

San Miniato. Rarement l'impression fine, légère, lumineuse d'un « matin à Florence » fut aussi subtilement rendue.

Dans le *Paysage*, donc, nulle décadence, nulle trace de fatigue : il semble qu'il puisse se renouveler indéfiniment. De même, dans le *Portrait*. Il n'est point, cette année, de portrait qui fasse époque, et même si l'on retranchait des *Salons* toutes les effigies peintes par les étrangers, il ne resterait plus grand'chose à admirer. Cependant le *Portrait de M. Cognacq* par M. Besnard, avenue d'Antin, et le *Portrait du marquis de Dion* par M. Marcel Baschet, aux Champs-Elysées, sont de beaux morceaux de peinture et plus encore, peut-être, de dessin. On se passerait de leur couleur : leur armature solide et souple, à tous deux, suffirait à les faire connaître comme les œuvres de deux maîtres. La main, dans le portrait de M. Cognacq, est admirable. Rien d'équivalent parmi les Portraits de femmes. Seule, une petite toile par un Américain, M. Rolshoven, intitulée *Mademoiselle René Baudry, en costume second Empire*, nous apporte une vision colorée d'une intensité extrême, mais c'est à peine un portrait : c'est une harmonie dans des tons très hauts et très sonores.

Malgré la faiblesse apparente du *Portrait*, aux *Salons* de 1911, nous pouvons, sans hésiter, mettre, là, comme dans le Paysage, nos espérances pour l'Art. C'est un genre très difficile et très lent à renouveler, mais inépuisable, par l'infinie variété de son objet, et très salutaire par l'obligation où il tient le peintre de ne pas s'écarter de la réalité. Les fantaisies comme celles de M. Boldini seront toujours très rares : on ne les permettrait pas à d'autres, et on ne les admire pas toujours chez lui. En sculpture, il en est de même, et M. Hodin ne s'est pas encore avisé de traiter ses clients comme ses héros. Son buste du Duc de Rohan est, à peu de chose près, un buste classique, avec des souplesses infiniment habiles de grand praticien. Les bustes de femmes par M. de Saint-Marceaux ont cette belle gravité que donne le marbre aux figures gracieuses quand il est taillé par un véritable statuaire. Le Portrait, même dans les plus mauvais m o me us, sauve toujours l'art français.

Section IV

Les Arts décoratifs ou arts appliqués sont sauvés par la céramique. C'est la seule branche restée vivante de cet arbre monstrueux aux rameaux innombrables et tentaculaires qu'on appela, jadis, le *Modern style*. Comme il y a fort longtemps de cela, on ne peut plus l'appeler « moderne, » et comme ce n'a jamais été un « style, » il n'a plus de nom du tout. Ses partisans, aussi, ont disparu. Comme il arrive après les révolutions avortées, personne ne veut avoir été de cette bagarre. « Je ne connais pas ce serpent… » disent les artistes décorateurs devant les dernières convulsions du « vermicelle » belge. Toutefois, un art qui n'avait aucun rapport avec le *Modern style*, mais qui parut avec lui, l'art de la céramique au grand feu et de la pâte de verre, reste très vivant et continue de produire des merveilles. M. Delaherche expose, cette année encore, d'admirables grès et, aussi, des porcelaines. Après trente ans passés auprès des fours, son expérience est consommée et sa main n'a pas faibli. Ses œuvres resteront, après celles de Chaplet, les plus beaux exemples de poterie moderne, dignes d'être placées à côté de celles de l'Orient et de l'Extrême-Orient. Dans l'art du verrier, M. Dammouse demeure aussi le maître inimitable des nuances subtiles, et sa vitrine, quand passe un rayon de soleil, continue de s'animer comme les eaux peu profondes, où respirent et se gonflent les fleurs vivantes de la mer. Mais à part la céramique et la verrerie, les « arts appliqués » ou ne sont pas des « arts, » ou bien ne « s'appliquent » à rien, et un coup d'œil jeté sur notre architecture, dans les nouveaux quartiers de Paris, suffit à renseigner sur son avenir. Jamais le Louis XV, où le Louis XVI, que l'Art Nouveau pensait proscrire, n'ont été si fort en honneur. Ce goût du XVIIIe siècle se retrouve jusque chez plusieurs de nos jeunes statuaires. Il y a, notamment, avenue des Champs-Elysées, un charmant groupe de marbre, *Bacchante et Panthère*, de M. Camus, qui rappelle, par son tour léger et son faire habile, les hôtes de marbre des parcs royaux, du temps des meilleurs maîtres. Et un plâtre de M. Paul Sylvestre, intitulé *Ebats*, serait digne, aussi, d'habiter un jardin à la française, parmi les quinconces rigoureusement taillés, entre deux miroirs d'eau, tandis que le projet de fontaine, de M. Max Blondat, exposé, en plâtre, sous ce titre *La Chanson de l'Eau*, ornerait délicieusement une grotte proche de ce parterre rêvé. Et l'on pourrait y recueillir, en quelque pavillon, ou *Folie*, les groupes de terre cuite de M. Puech et de M. Verlet, la *Terre*, sans trop d'anachronisme et sans qu'on se crût hors du XVIIIe siècle. Notre sculpture est, d'ailleurs, en plein progrès. Bien que, cette année, la plupart de nos artistes jeunes, M. Landowsky, M. Segoffin, M. Sicard, M. Hippolyte Lefebvre, n'aient exposé que des bustes, leurs œuvres récentes assurent à l'école de sculpture française une vraie supériorité sur toutes les autres. Et l'un d'eux, M. Bouchard, a exposé une œuvre capitale.

Il semble que les imaginations de nos artistes, comme celle de la foule, aient été vivement frappées, ces derniers temps, par les drames de la conquête de l'Air. Au Salon de l'avenue d'Antin, une grande statue, par M. Lagare, sous ce titre *Fatalité, aux héros de l'aviation*, nous montré la chute d'un Icare, aux ailes brisées, tombant tout de son long, perpendiculaire au sol. Et, aux Champs-Elysées, M. Roger-Bloche expose, sous le titre *Monument aux aviateurs*, un homme gisant parmi les débris d'un aéroplane dont une aile encore dressée, l'autre pendante, figurent assez bien l'oiseau tombé à terre, démonté. Mais le plus saisissant de ces témoignages est assurément celui de M. Bouchard.

C'est le monument funéraire aux aéronautes militaires, victimes de la catastrophe du *République*, taillé dans le granit de Bretagne et destiné à être placé en pleins champs, là où la catastrophe s'est produite. Les deux *Salons* ne contiennent rien d'aussi saisissant. Sur un plan incliné, les quatre soldats morts pour avoir voulu promener bien haut dans les airs les couleurs de leur pays, ressaisis par la terre, sont étendus côte à côte et se tiennent par la main. Sur eux, des linceuls, jetés comme des manteaux de camp avec de grands plis en diagonale, de l'épaule aux pieds, accentuent leur caractère de « gisants. » Les faces sont empreintes encore d'anxiété et de souffrance, comme s'ils cherchaient encore, dans leur lourd sommeil, à s'orienter sur les invisibles chemins du ciel.

L'aspect de cette œuvre est tragique, pesant, vraiment monumental. Les longs plis labourés dans le granit de Bretagne, les faces taillées comme des rocs, les rares vestiges des uniformes çà et là équarris et traités comme des motifs de chapiteaux, tout concourt à fortifier cette impression. Et c'est bien le sentiment moderne devant la mort, — qu'elle soit glorieuse ou obscure, — le sentiment qu'on a déjà devant le *Cavaignac* de Rude, les *Morts* de M. Bartholomé : celui du lourd sommeil, de la solitude et de l'abandon. Il n'y a plus, autour du gisant, les anges du moyen âge ombrageant son front de leurs ailes. Il n'y a plus les *pleurants* sauvant son âme de leurs larmes. Il n'y a plus les vertus ou les symboles célébrant sa mémoire de leurs gestes et leurs affabulations compliquées. Il n'est plus besoin de figures symboliques pour que notre esprit évoque la grandeur de leur sacrifice. Les seuls pleurants seront les voyageurs arrêtés un instant sur le bord de la route. Et nulle ombre ne passera sur ces fronts de pierre que l'ombre des nuages, en marche dans le ciel, à la ressemblance de la nef qu'ils ont rêvé d'y conduire.

L'auteur de ce monument, M. Bouchard, est de Dijon ; il a vu, tout enfant, le tombeau de Philippe le Hardi et de Jean sans Peur. Il est tout imprégné de ces exemples fameux ; il a le culte des « tombiers » du moyen âge. Et, ainsi, tout auprès de ses gisants héroïques, il a dressé, en plâtre, l'image présumée de son glorieux ancêtre *Claus Sluter*, le ciseau et le maillet à la main. Il n'a pu faire, là, une figure proprement historique. On ne connaît pas les traits de Claus Sluter. Mais il a fait une belle figure professionnelle. Aussi saisissant que la tombe, apparaît la silhouette du vieux « tombier. »

Qui nous donnera maintenant la statue de l'aviateur, de l'homme qui chemine dans le vide, qui creuse son tunnel dans le nuage, qui s'enfonce et rebondit sur l'élastique sommier de l'air, qui voit entre ses pieds les dômes comme des assiettes, les navires comme des escarpins, les cathédrales en géométral ? Il ne s'agit point, ici, d'une figuration réaliste. Nous n'avons nul besoin qu'on nous donne la statue d'un Esquimau à lunettes, assis entre des châssis, parmi le « fuselage. » Ce serait une figure peut-être pittoresque, mais point du tout plastique et que ses gestes ne sauveraient point, car elle n'en fait pas. Une loi esthétique, très rigoureuse et qui ne s'est pas encore trouvée en défaut, veut que le geste de l'homme diminue à mesure que sa puissance mécanique augmente. Le chauffeur fait de moindres gestes que le cocher, le conducteur de canot automobile que le rameur, le conducteur de « faucheuse » mécanique ou de « moissonneuse-lieuse, » que le faucheur ou le moissonneur. Ce n'est donc pas le geste professionnel de l'aviateur qui peut nous le révéler.

A qui voudra le dresser sur un socle monumental, une transposition hardie s'impose, comme elle s'est imposée aux Grecs, lorsqu'ils ont voulu figurer une force de la Nature sous les apparences d'un être de chair et de sang, ou aux tailleurs de pierre du Moyen âge, lorsqu'ils ont symbolisé les vertus, les vices, les martyres, au porche des cathédrales. Un objet symbolique, un outil, un bandeau, un masque, des talonnières, un caducée, une horloge, une roue, un cabestan, une ancre leur suffisait. Et cet outil était souvent réduit de sa grandeur réelle à la dimension d'un joujou, pour ne point empiéter sur l'unité plastique de la figure. La figure seule, par sa construction, par son expression, par son geste simple et particulier, signifiait aux yeux le progrès moral ou la victoire sur les éléments : le mythe qu'elle incarnait. Le Claus Sluler que M. Bouchard nous montre, méditant le coup qu'il va frapper, le ciseau et le maillet en mains, n'eût certes pas empêtré sa, statue de l'immense appareil d'un aéroplane de grandeur naturelle, mais peut-être eût-il cherché ; pour sa figure, le geste qui accompagne un nouvel essor, le geste de confiance et d'espoir, le geste du fauconnier qui décoiffe le gerfaut et le jette aux profondeurs du ciel, le geste du charmeur d'oiseaux qui élève le bras et, sur la plateforme de sa main ouverte, flatte l'oiseau battant des ailes et lui donne la volée…

ISBN : 978-1722973964

www.ingramcontent.com/pod-product-compliance
Lightning Source LLC
Chambersburg PA
CBHW070936220526
45468CB00005B/1792